Índice

Dientes de animales   3

Glosario fotográfico   15

Índice analítico   16

Sobre la autora   16

rourkeeducationalmedia.com

¿Puedes encontrar estas palabras?

colmillos

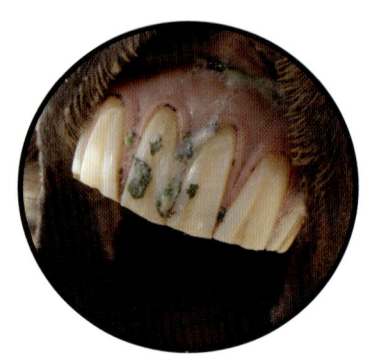

dientes

hierba

huesos

Dientes de animales

dientes

Los animales no se cepillan los **dientes**.

Los elefantes cavan huecos con sus **colmillos**.

Los perros mastican **huesos**.
Los huesos limpian sus dientes.

hueso

Las vacas mastican **hierba**.

La hierba limpia sus dientes.

hierba

Los animales toman agua.

El agua es buena para sus dientes.

A los cocodrilos se les caen los dientes.

¡Y les crecen dientes nuevos y limpios!

¿Encontraste estas palabras?

Los elefantes cavan huecos con sus **colmillos.**

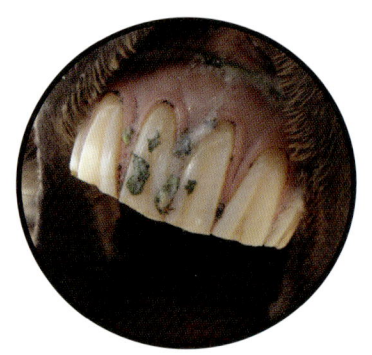

Los animales no se cepillan los **dientes.**

Las vacas mastican **hierba.**

Los perros mastican **huesos.**

Glosario fotográfico

 **colmillos:** dientes largos, curvados y puntiagudos que sobresalen de la boca de algunos animales.

 **dientes:** las partes duras de la boca que se utilizan para masticar alimentos.

 **hierba:** plantas con hojas que son largas y delgadas.

 **huesos:** las partes del esqueleto de un animal.

Índice analítico

cocodrilos: 12
elefantes: 4
hierba: 8, 9
mastican: 6, 8
perros: 6
vacas: 8

Sobre la autora

Michelle García Andersen vive con su marido, sus tres hijos y muchas mascotas. No limpia los dientes de sus mascotas, pero sí se limpia sus dientes con frecuencia, cepillándolos y usando seda dental. A Michelle le gustan los dulces, así que es muy importante que cuide bien sus dientes.

© 2020 Rourke Educational Media

All rights reserved. No part of this book may be reproduced or utilized in any form or by any means, electronic or mechanical including photocopying, recording, or by any information storage and retrieval system without permission in writing from the publisher.
www.rourkeeducationalmedia.com
PHOTO CREDITS: Cover: ©Top Photo Engineer; p.2,6-7,14,15: ©Mateusz Zagorski; p.2,8-9,14,15: ©Vibrant Image Studio; p.2,3,14,15: ©Heather Pennington; p.2,4-5,14,15: ©Karel Bartik; p.10-11: ©T. Wilbertz; p.12-13: ©Audrey Snider-Bell

Edición: Keli Sipperley
Diseño de la tapa e interior: Rhea Magaro-Wallace
Traducción: Santiago Ochoa
Edición en español: Base Tres

Library of Congress PCN Data
Dientes de animales / Michelle García Andersen
(Animales, plantas y personas)
ISBN (hard cover - spanish)(alk. paper) 978-1-73160-519-1
ISBN (soft cover - spanish) 978-1-73160-532-0
ISBN (e-Book - spanish) 978-1-73160-525-2
ISBN (e-Pub - spanish) 978-1-73160-711-9
ISBN (hard cover - english)(alk. paper) 978-1-64156-190-7
ISBN (soft cover - english) 978-1-64156-246-1
ISBN (e-Book - english) 978-1-64156-296-6

Library of Congress Control Number: 2018967479

Printed in the United States of America, North Mankato, Minnesota